BEI GRIN MACHT SICH IHR WISSEN BEZAHLT

- Wir veröffentlichen Ihre Hausarbeit,
  Bachelor- und Masterarbeit

- Ihr eigenes eBook und Buch -
  weltweit in allen wichtigen Shops

- Verdienen Sie an jedem Verkauf

Jetzt bei www.GRIN.com hochladen und kostenlos publizieren

Digitale Zwillinge. Wie unterstützen digitale Modelle von Industrierobotern die Planung, Instandhaltung und Weiterentwicklung von Fertigungsanlagen?

Constantin Sinowski

Bibliografische Information der Deutschen Nationalbibliothek:

Die Deutsche Nationalbibliothek verzeichnet diese Publikation in der Deutschen Nationalbibliografie; detaillierte bibliografische Daten sind im Internet über http://dnb.d-nb.de abrufbar.

ISBN: 9783346886941
Dieses Buch ist auch als E-Book erhältlich.

© GRIN Publishing GmbH
Trappentreustraße 1
80339 München

Druck und Bindung: Books on Demand GmbH, Norderstedt Germany
Gedruckt auf säurefreiem Papier aus verantwortungsvollen Quellen

Das vorliegende Werk wurde sorgfältig erarbeitet. Dennoch übernehmen Autoren und Verlag für die Richtigkeit von Angaben, Hinweisen, Links und Ratschlägen sowie eventuelle Druckfehler keine Haftung.

Das Buch bei GRIN: https://www.grin.com/document/1361892

Wirtschaftsingenieurwesen Digital Engineering & Management

Hochschule Fresenius onlineplus

.

Hausarbeit

Digitale Zwillinge

Wie unterstützen digitale Modelle von Industrierobotern die Planung, Instandhaltung und Weiterentwicklung von Fertigungsanlagen?

NAME: Constantin Sinowski

MODUL: Industrierobotik (M183)

ABGABEDATUM: 02.05.2023

I. Inhaltsverzeichnis

II. Abbildungsverzeichnis

III. Abkürzungsverzeichnis

1. Einleitung

Technologien und Informationsverarbeitung prägen den Alltag von Menschen. Viele Menschen besitzen ein Smartphone, welches mit Sensorik ausgestattet ist, um den Standort innerhalb von Funkantennen wie auch im Bereich geostationärer Satelliten zu bestimmen. Die Höhe verglichen zum Meeresspiegel, die Bewegungsgeschwindigkeit des Nutzers wie auch dessen durchschnittliche Nutzung des Geräts kann regelbasiert analysiert werden, um als Reaktion auf die gemessenen Daten die durchschnittliche Schlafenszeit wie auch präferierte Routen zu nutzen, um relevante Benachrichtigungen zu Neuigkeiten in der Umgebung zu erhalten (Alpaydi, 2021). Künstliche Intelligenzen erstellen Profile für Werbeagenturen, Versicherungen und Entwicklung von neuen Produkten wie Applikationen und Geräten (Jordan, 2016). Dieser Text selbst kann bereits von linguistischen, neuronalen Modellen auf Rechtschreibung geprüft, wie auch anhand einiger Vorgaben verfasst werden (Bubeck, et al., 2023, S. 92). In der fertigenden Industrie werden Roboterarme eingesetzt, um schwere Bauteile zu heben, Komponenten zu verschweißen und zu lackieren. Dabei entstehen viele Daten über die Nutzung und den Zustand eines Roboters, welche zur Optimierung genutzt werden können.

1.1. Zielsetzung

Im Rahmen dieser wissenschaftlichen Arbeit soll die Forschungsfrage beantwortet werden, wie digitale Modelle von Industrierobotern die Planung, Instandhaltung und Weiterentwicklung unterstützen können. Dahingehend werden die Prinzipien erläutert, welche einen Industrieroboter ausmachen, insbesondere die Funktionsweise der Sensoren, Aktoren und der Software und die benötigten Voraussetzungen, um eine Fertigungsanlage zu automatisieren. Anschließend werden digitale Zwillinge definiert, und welche Voraussetzungen erfüllt sein müssen, um die Möglichkeiten der entstehenden Datenmengen während einer Produktion weiterführend zu nutzen. Abschließend werden die Vor- und Nachteile eines digitalen Zwillings im Kontext eines Unternehmens aufgezeigt.

1.2. Vorgehensweise

Anhand von wissenschaftlicher Literatur zu den Themen Industrierobotik (IR, *Industrial Robotics*), rechnerunterstützendes Konstruieren (CAE, *Computer Aided Engineering*), virtueller Realität (VR, *Virtual Reality*), digitaler Zwillinge (DT, *Digital Twin*) und Massendatenanalyse (BDA, *Big Data Analytics*) werden Konzepte erläutert, welche für die Planung, Instandhaltung und Entwicklung von Industrierobotern relevant sind. Dafür werden Anwendungsmöglichkeiten von Industrierobotern und digitalen Zwillingen erläutert, um die Potenziale von Investitionen in diesen Bereichen in Form von schnelleren Wartungszeiten, geringeren Instandhaltungskosten und zusätzlichen Schnittstellen zur Entwicklung zu verdeutlichen.

2. Industrieroboter

Roboter verschiedenster Arten finden sich heute überall, nicht nur in Fabriken, auch in Häusern und Gärten, in Kliniken, Universitäten und Schulen, auf dem Mond und dem Mars, selbst in den geheimnisvollen Tiefen der Ozeane. Roboter werden bei der Bekämpfung von Bränden und der Rettung aus Katastrophengebieten, bei der Herstellung von Produkten, aber auch in militärischen Bereichen eingesetzt. Diese vielseitigen Maschinen haben einen beträchtlichen Einfluss auf viele Aspekte des modernen Lebens, von der industriellen Fertigung bis hin zum Gesundheitswesen, beim Transport ebenso wie bei der Erforschung des Alls und der Meerestiefen. Bald werden Roboter so allgegenwärtig und selbstverständlich sein, wie es heute der Personal Computer oder das Mobiltelefon ist. Der uralte Traum, Maschinen zu erstellen, die geschickt, intelligent, konstant zuverlässig und unermüdlich sind, hat die Menschheit von Anfang an begleitet. Dieser Traum ist heute mehr und mehr Realität und Teil unseres täglichen Lebens geworden. Vor allem IR für die automatisierte Fertigung oder Serviceroboter für Dienstleistungen im Haushalt, im Gesundheitswesen oder in Umgebungen mit hohem Gefahrenpotenzial werden in zunehmendem Maße weltweit eingesetzt. Zur Unterstützung von Einsatzkräften bei Unfällen und Katastrophen gelangen Such- und Rettungsroboter zum Einsatz. Diese autonom arbeitenden Rettungskräfte sollen in erster Linie dort betrieben werden, wo der Einsatz eines Menschen entweder eine Gefahr für ihn selbst darstellt oder schlichtweg ineffizient ist. Doch auch Roboter zur Kriegsführung wie autonome oder semi-autonome Militär- bzw. Kampfroboter (RCS, *Robotic Combat Systems*) sowie unbemannte Systeme für den militärischen Einsatz wie Drohnen (UAV, *Unmanned Aerial Vehicles*) - auch als ferngesteuertes Flugobjekt bezeichnet (RPA, Remotely Piloted Aircraft) - fallen unter den Begriff Robotik. Mit derzeit noch überwiegend hypothetischen, autonomen Maschinen im Kleinstformat, den winzigen Nanorobotern oder so genannten Nanobots, beschäftigen sich zunehmend Forschung und Entwicklung (Maier, 2019, S. 15).

2.1. Funktionsweise von Industriellen Robotern

Industrielle Roboter sind komplexe Maschinen, die in der modernen Fertigung eingesetzt werden, um wiederholende Aufgaben auszuführen. Mithilfe von Elektromotoren werden Achsen betrieben, die Sensoren zur Messung und Aktore wie Werkzeuge zur Interaktion mit der Umwelt bewegen können. Roboter können sich dann auf mobilen Plattformen selbstständig, also autonom durch Werkhallen und Gelände bewegen, um Material, Werkstücke oder Teilprodukte zu transportieren und so die logistischen Abläufe in der Produktion von morgen zu modernisieren (Maier, 2019, S. 214).

2.2. Sensorik

Sensorik (lat. *sensus* – Sinn) ist zunächst ein Sammelbegriff für die Gesamtheit aller Sinneswahrnehmungen von Lebewesen. Unter Wahrnehmungen versteht man im Allgemeinen die Erfassung und Verarbeitung physikalischer Reize aus der Außenwelt eines Lebewesens, also die bewusste oder auch unbewusste Sammlung von Informationen mit Hilfe der Sinnesorgane. Sensoren gehören zu den Schlüsselkomponenten der Automatisierungstechnik und somit der Robotik. Über die Sensorik werden wesentliche Eigenschaften und Zustände des Roboters selbst und seiner realen Umwelt erfasst, aufbereitet und an die Steuerung weitergegeben. Ähnlich wie bei der menschlichen Kognition werden die über Sinnesorgane bzw. Sensoren erhaltenen Informationen mit einem internen „Weltenmodell" abgeglichen, um daraus Impulse für die notwendigen Aktionen abzuleiten. Die Sensoren dienen der Informationsbeschaffung für die Steuerung des Roboters (Maier, 2019, S. 215-216).

2.2.1. Technische Sensorik

Unter technischer Sensorik versteht man das Wissensgebiet von Sensoren zur Erfassung von Veränderungen in Umwelt oder technischen Systemen. Technische Sensoren finden daher Einsatz in der Mess- und Regeltechnik, der Überwachung und Kontrolle von (automatisierten) Prozessabläufen, der Umweltanalytik und in vielen anderen Bereichen, bei denen es um die Erfassung der Zustände von mitunter recht komplexen Systemen geht. Viele Sensorelemente in Labor und industriellen Messsystemen lassen sich der Messtechnik zuordnen, so dass sich die technische Sensorik auch als Teilgebiet der Messtechnik betrachten lässt. Eine gemeinsame Eigenschaft jeder technischen Sensorik ist, dass sie messtechnische Systeme betrifft, die in der Regel nichtelektrische physikalische Größen in elektrische Signale umwandeln. Die in den Signalwandlern angepassten Sensorsignale gelangen zur Signalverarbeitung mit Mikrokontrollern (SPS, *Speicherprogrammierte Steuerung*) und werden dort dem Programm entsprechend verknüpft, gewandelt oder gespeichert, um schließlich Stellbefehle zu erzeugen für die Antriebe zum Eingriff in den Prozess. Bevor die Stellbefehle aktiv werden, können die von der Signalverarbeitung gelieferten Größen vor ihrer Weitergabe an die Aktoren auch Signalwandler (z. B. Verstärker, Frequenzumrichter) durchlaufen. Die Aktoren sind somit Informationssenken, denn sie transformieren Information in Prozessenergie. Ein technischer Sensor, der auch als Geber, Fühler, Messfühler oder Messwertaufnehmer bezeichnet wird, erfasst in der Regel eine nicht-elektrische physikalische oder (bio-)chemische Größe eines technischen Prozesses oder der Umwelt. Dabei wird diese interessierende physikalische Größe in der Regel indirekt durch die Messung einer anderen Größe erfasst, die durch einen Sensor-Effekt beeinflusst wird. Das Signal, das der Sensor erzeugt, kann einfach übertragen und verarbeitet werden (Sensor-Effekt). Vorzugsweise kommen zur Weiterverarbeitung elektrische Größen (Spannung, Strom, Widerstand) zum Einsatz. Das elektrische Signal muss so beschaffen sein, dass es von nachfolgenden elektrischen Schaltungen weiterverarbeitet, z. B. verstärkt oder verformt (linearisiert) werden kann. Doch auch optische oder pneumatische Signale bieten für manche Anwendungsfälle (z.B. optische Bussysteme, Schutz gegen Explosionen) eine Alternative. Unter dem Begriff Sensor oder Sensorsystem versteht man die gesamte Anordnung, von der Erfassung der Messgröße über ihre Aufbereitung und Weiterverarbeitung bis hin zur Bereitstellung des Ergebnisses als standardisiertes elektrisches Ausgangssignal an den Sensorklemmen. Sensoren werden meist nach der aufzunehmenden nichtelektrischen Größe benannt, wie Temperatur-, Druck- oder Feuchtesensor. Seltener sind Bezeichnungen nach dem wandelnden Prinzip, wie Hall-Geber, Wiegand-Sensor etc. Sensoren sind grundsätzlich die ersten Glieder einer Messkette bei jeder Art von Messanordnung oder automatischer Messwerterfassung (Maier, 2019, S. 216-217).

2.2.2. Arten von Sensoren

Man kann zwei Hauptkategorien von Sensoren (ebenso von Aktoren) unterscheiden, je nachdem, ob sie interne oder externe Zustände erfassen. Interne Sensoren messen Eigenschaften an Bord des Roboters, z. B. Achsstellungen, Effektorpositionen etc. Externe Sensoren hingegen liefern Informationen und Messwerte aus der näheren und ferneren Umgebung des Roboters. Die Steuerung verwendet die internen Informationen zur Erstellung von Bewegungsanweisungen über einen Soll-Istwert-Abgleich. Die Kommunikation der Robotersteuerung mit der Umwelt wird mit Hilfe externer Sensoren realisiert. Beispielsweise soll ein abstandsmessender Sensor die Roboterbewegung bei Erreichen einer bestimmten Position des Effektors stoppen (Maier, 2019, S. 215-216). Näherungsschalter werden häufig eingesetzt, um zu erkennen, ob sich Objekte in der Nähe befinden, in welchem Abstand sie sich befinden und welche Maße Gegenstände besitzen. Es gibt mehrere Arten von Näherungsschaltern, die sich in der Funktionsweise und möglichen Anwendungsfeldern unterscheiden. Es gibt induktive, kapazitive und magnetische Näherungsschalter. Ein induktiver Näherungsschalter (Initiator) ist ein Sensor, der sicher und berührungslos metallische, elektrisch leitfähige Objekte erfasst. Seine Funktion beruht auf der Wechsel-wirkung metallischer Leiter mit einem elektromagnetischen Wechselfeld. Der Sensor liefert am Ausgang ein Binärsignal „Objekt erkannt/nicht erkannt". Die Betätigung erfolgt durch metallische Objekte, die in die Nähe der aktiven Fläche des Sensors gelangen (Maier, 2019, S. 223). Kapazitive Näherungsschalter sind Sensoren, die berührungsfrei auf die Annäherung eines leitenden oder nichtleitenden Gegenstands, aber auch von Flüssigkeiten, mit einem elektrischen Schaltsignal reagieren. Das Sensorprinzip beruht auf der bei Annäherung sich ändernden elektrischen Kapazität einer Messelektrode zur Umgebung oder zu einer Referenzelektrode (Maier, 2019, S.

224). Magnetische Näherungsschalter bzw. Magnetfeldsensoren reagieren auf magnetische Felder von Dauer- oder Elektromagneten. Es handelt sich um Sensoren, die unter Einbezug eines magnetischen Felds technische Größen, wie Position, Drehzahl etc., berührungslos erfassen und in elektrische Signale wandeln (Maier, 2019, S. 225). Vollständig in das Fertigungsumfeld integriert verleihen Kameras, Laserscanner und andere photoelektrische Sensoren Maschinen wie Robotern die Fähigkeit, Objekte zu sehen, sie zu erkennen und zu identifizieren, um daraus Entscheidungen abzuleiten. Eine Vielzahl unterschiedlicher Sensoren der Mess- und Automatisierungstechnik beruht auf einem der photoelektrischen Effekte. Dazu gehören Laser wie auch Kameras für maschinelles Sehen zur Bildverarbeitung. Alle Arten photoelektrischer Sensoren haben primär die Aufgabe, optische Informationen in elektrisch auswertbare Signale zu überführen. Dabei beschränkt man sich vornehmlich auf sichtbares Licht, Infrarot- und Ultraviolettstrahlung. Die Sensoren wandeln entweder die optische Strahlung in elektrische Größen wie Strom oder Spannung um oder erzeugen einen von der einfallenden Strahlung abhängigen elektrischen Widerstand (Maier, 2019, S. 228).

2.3. Aktore

Um mit der Umgebung zu interagieren, nutzen IR hauptsächlich Elektromotoren, um Achsen von Roboterarmen oder Ketten zur Bewegung zu betreiben. In manchen Fällen sind hydraulische Systeme effektiver. Bei Roboteranwendungen kann man prinzipiell unterscheiden zwischen der Heranführung des mit einem Greifer aufzunehmenden Werkstücks an ein feststehendes Werkzeug und der Bearbeitung des Teils mit einem an der Roboterhand angeflanschten Werkzeugs. Die Werkstückhandhabung wird nicht nur für Aufgaben wie Entnahme, Palettieren oder Montieren genutzt. Auch bei Bearbeitungsaufgaben mit Werkzeugen, wie Schleifen oder Entgraten, können die zu bearbeitenden Teile vom Greifer an feststehende Werkzeuge herangeführt werden. Dies ist immer dann von Vorteil, wenn die Bearbeitung ein massives, schweres Werkzeug erfordert. Davon betroffen sind vor allem Bearbeitungsvorgänge wie das Abtragen von Material durch Schleifen oder Polieren, weitere spanende Bearbeitungen oder die Materialzufuhr bei Beschichtungsvorgängen. Bei der Bearbeitung von kleineren Werkstücken führt ihre Handhabung zu einem weiteren Vorteil: Vor- und nach-geschaltete Bearbeitungsvorgänge lassen sich vom Roboter ohne zusätzlichen Aufwand für Zuführ- oder Zwischenspeichersysteme erledigen. Zudem ist die Belastung für den Roboter bei der Handhabung kleinerer Werkstücke meist geringer als bei der Führung von Werkzeugen. Es ist auch möglich, mehrere aufeinander folgende Bearbeitungsvorgänge am Werkstück ohne Wechsel auszuführen, womit erhebliche Zykluszeitvorteile verbunden sind. Roboterwerkzeuge werden in der Regel zur Ausführung von Montage- oder Bearbeitungsaufgaben eingesetzt. Sie können daher sowohl reine Greifwerkzeuge als auch Prozesswerkzeuge für Bearbeitungs- oder Montagevorgänge sein. Zu letzteren zählen kleine

Schleifmaschinen, Schrauber, Bohrspindeln, Klebepistolen, Farbspritzpistolen oder diverse Schweißzangen. Fügehilfen nutzt der Roboter zum lagerichtigen, meist sensorgestützten Einbau von Bauteilen oder beim Wechseln eigener Werkzeuge. Form- und Führungselemente unterstützen dabei eine toleranzarme und reproduzierbare Anfahrt bestimmter Positionen im Arbeitsraum. Bei den Roboterwerkzeugen lassen sich folgende Hauptgruppen unterscheiden:

- rotierende Werkzeuge (Bohrspindeln, Fräskopf, Schrauber, Schleif- und Polierwerkzeuge),
- pressende Werkzeuge (Punktschweißzangen, Klammerapparate etc.),
- abstrahlende Werkzeuge (Farbspritzpistolen, Sandstrahl- und Klebstoffdüsen oder Einfettvorrichtungen),
- schneidende Werkzeuge (Schneidbrenner, Plasmaschneider, Wasserstrahlschneidkopf, Laserschneidkopf),
- stoffverbindende Komponenten (Löt- und Klebepistolen, Schweißköpfe) sowie
- Messwerkzeuge („Messroboter").

2.4. Anwendungsbeispiele von Industriellen Robotern

Bei von Robotern geführten Werkzeugen zum Materialabtrag, z. B. beim Entgraten, Fräsen, Schleifen etc., handelt es sich meist um kleine Schleif- und Bohreinheiten, ähnlich wie man sie auch als Handgeräte kennt. Oft werden die Werkzeuge über eine elastische Anbindung an den Roboterflansch gekoppelt. Hierdurch erreicht man, dass die auf Roboter und Werkzeug einwirkenden Reaktionskräfte zum Teil von der elastischen Ankopplung aufgenommen oder reduziert werden. In vielen Fällen übernimmt die Robotersteuerung die Regulierung von Abtragleistung (Drehzahl) oder auch Anpressdruck dieser Werkzeuge an das Werkstück. Zum Materialauftrag werden beispielsweise Sprühpistolen für Lackiervorgänge, Extrusionseinheiten zum Auftrag von speziell geformten Dicht- bzw. Hohlprofilen oder Klebepistolen für Klebstoffe eingesetzt. Derartige Werkzeuge werden in der Regel von separaten Dosiersystemen gesteuert, wobei auch eine signaltechnische Kopplung zur Robotersteuerung sowohl binär (für das Ein- und Ausschalten) oder analog zur Vorgabe des Klebstoff- bzw. Extrusionsvolumens bestehen kann. Bahn- und Punktschweißen zählen zu den am weitesten verbreiteten Anwendungsfeldern für Industrieroboter. Daher wurden von vielen Herstellern spezielle Schweiß- und Schneidsysteme für den Robotereinsatz entwickelt. Beim Schneiden und Schweißen werden generell Schweißzange, Schneid- oder Schweißbrenner an der Roboterhand geführt. Die erforderliche Energie- und Materialversorgung wird dabei über ein extern verlegtes Schlauch- und Kabelpaket zugeführt. Die beim Schweißen notwendige Materialzufuhr erfolgt über mitgeführte Drahtvorschubgeräte direkt auf den Handbereich des Roboters. Um Beschädigungen der Schweißgeräte bei Kollisionen mit dem

Werkstück zu vermeiden, müssen spezielle Kollisionsschutz-Maßnahmen ergriffen werden. Dies kann durch den Einbau von Überlastung erkennenden Kollisionsschutzelementen zwischen dem Handgelenkflansch des Roboters und dem Greifer erfolgen (Maier, 2019, S. 162-163).

ABBILDUNG 1: ACHSENBEWEGUNG EINES INDUSTRIELLEN ROBOTERS

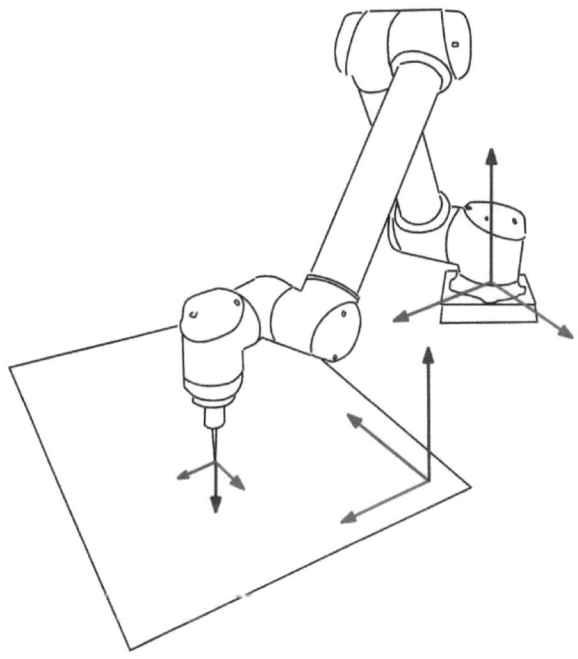

Eine Darstellung eines skizzierten Industrieroboters mit möglichen Achsenbewegungen (DOF, *Degrees of Freedom*) auf einer Fläche im dreidimensionalen Raum (Quelle: Scalera, Seriani, Gasparetto, & Gallina, 2019)

Ein Experiment mit realen Robotern verursacht Kosten beim Aufbau und möglichen Schäden während des Einsatzes. Dementsprechend haben Forscher und Entwickler versucht, die Methoden zur Optimierung stabiler und effizienter zu gestalten. Während Simulationen kann der Einsatz von künstlichen, neuronalen Netzwerken (CNN, *Convolutional Neural Network)* dabei unterstützen, den Lernprozess zu vertiefen (DRL, *Deep Reinforcement Learning*). Ein wichtiger Aspekt bei den Forschungen ist dabei, die Datenerfassung zu verbessern und die Komplexität von Datensätzen anhand von modellbasierten Ansätzen zu erhöhen (Ogata, Takahashi, Yamada, Murata, & Sasaki, 2022, S. 181). Anwendungsfälle für IR und DT bestehen in mehreren Branchen, hauptsächlich in der Automobilindustrie wie auch dem Gesundheitssektor.

3. Digitale Zwillinge

Das Konzept von DT kann als natürliche Entwicklung von traditioneller Simulationsmodellierung mit CAE gekoppelt mit einer hohen Datenverfügbarkeit, Konnektivität und zunehmenden Kundenanforderungen betrachtet werden. Bei der 3D-Emulation werden die dynamischen Abläufe räumlich in einer VR ausgeführt. Damit erzielt man eine Abbildung der realen Probleme in vier Dimensionen: den drei Raum-Dimensionen und der Dimension Zeit. Insofern unterscheidet sich die 3D-Emulation von einem rein dreidimensionalen Entwurf (CAD, *Computer Aided Design*) durch die hinzugefügte Zeitkomponente. Damit wird neben der rein geometrischen Abbildung auch die Nachbildung von Bewegungen möglich, um etwa spätere Probleme wie Kollisionen frühzeitig zu erkennen und zu vermeiden. Je nach Simulator und Emulator lassen sich auch spezifische Verhaltensweisen des emulierten Zielroboters berücksichtigen (Maier, 2019, S. 193).

3.1. Simulation

Eine Simulation ist definiert als ein Prozess, welcher eine Abbildung eines Modelles von einem realen System und Experimenten mit diesem Modell entspricht. Ein simuliertes Modell beschreibt das Verhalten eines realen Systems und ermöglicht die Auswertung der Methoden, Konzeption, Entwicklung, Prüfung und Validierung des Systems zur Laufzeit. Eine Simulation wird oft über längere Zeiträume genutzt und um alternative Ergebnisse bei variablen Konditionen darzustellen (Ugarte, Etxeberria, Unamuno, Bellanco, & Ugalde, 2022, S. 528).

3.2. Emulation

Bei einer Emulation wird das Verhalten eines Zielsystems prozessual kopiert, um es zu ersetzen. Emulierte Modelle testen die Funktionsweise eines Kontrollsystems während unterschiedlichen Ausgangsbedingungen. Die meisten Kontrollsysteme sind konzipiert, um in Echtzeit zu funktionieren. Obwohl es gängig ist, das Word "Emulation" in Bezug zu Software zu verwenden, beinhaltet eine Emulation die Darstellung von Hardware, während eine Simulation ausschließlich für Software vorgesehen ist (Ugarte, Etxeberria, Unamuno, Bellanco, & Ugalde, 2022, S. 528).

3.3. Virtualisierung

Wenn ein physisches Objekt digital durch Software abgebildet wird, spricht man von einer Virtualisierung. In der fertigenden Industrie ist die Virtualisierung ein Schlüsselelement für die Entwicklung von cyber-physikalischen Systemen (CPS, *Cyber-Physical Production Systems*). Eine virtualisierte Version einer physischen Komponente beruht auf den Funktionen und statischen wie auch dynamischen Daten, welche intern wie auch extern erhoben werden. Durch die Abstrahierung der Charakteristiken einer Maschine,

Eigenschaften, Beziehungen und Funktionen entsteht ein Modell, welches die Beschreibung der Mechanik und deren Steuerung umfasst (Ugarte, Etxeberria, Unamuno, Bellanco, & Ugalde, 2022, S. 528).

3.4. Definition Digitaler Zwilling

Bereits während der Apollo-Mission wurde simultan zum eigentlichen Raumfahrzeug ein zweites, identisches Raumfahrzeug entwickelt. Dieser noch real existierende „Zwilling" diente Astronauten vor der Mission zur Vorbereitung und Ingenieuren während der Mission, um auf Basis von Daten des aktiven Raumfahrzeugs notwendige Lösungen zu erarbeiten (Klostermeier, Haag, & Benlian, 2020 zit. n. Rosen et al. 2015). Zu ähnlichen Zwecken wird heutzutage auch der digitale Zwilling verwendet, nur dass anstatt eines zweiten realen Gegenstandes ein digitales Modell des Originals erstellt wird (Klostermeier, Haag, & Benlian, 2020, S. 1). Eine zusätzliche Möglichkeit von digitalen Zwillingen ist, dass sie Wissen nutzen, welches durch Emulationen generiert wurde, um nützliche Hinweise für physische Systeme zu erhalten. Diese Informationen können genutzt werden, um Parameter von Endkunden zu kontrollieren und zu verändern (Friederich, Francis, Lazarova-Molnar, & Mohamed, 2021, S. 1-2). Manche der entscheidenden Probleme in Produktionsstätten mit dynamischen und variablen Rahmenbedingungen können durch flexible und adaptive Prozesse als Teil einer schlauen Fabrik (SF, Smart Factory) gelöst werden. In komplexen Fertigungsanlagen können DT in einer SF integriert werden, um effiziente Modelle der Produktionsabläufe abzubilden und vielfältige Aspekte zu überwachen. Einige der Vorteile von DT ist die Fähigkeit, eine Überwachung von Komponenten und Maschinen in Echtzeit durchzuführen, wodurch die Zuverlässigkeit gesteigert werden kann, indem eine Instandhaltung frühzeitig geplant werden kann. Mit Software und simulierten Funktionen lassen sich zusätzliche Dienstleistungen für Stakeholder anbieten. Diese Vorteile werden innerhalb einer SF durch kontinuierliche Datenerhebung durch Sensorik des industriellen Internets der Dinge (IIoT, Industrial Internet of Things) ermöglicht. Die generierten Daten werden fortlaufend für Schlüsselaktivitäten in der Planung, Wartung, Logistik und für faktengestützte Entscheidungen innerhalb eines intelligenten Fertigungskomplexes genutzt, um die Ziele der Nachhaltigkeitssteigerung und Wirtschaftlichkeit zu erreichen (Friederich, Francis, Lazarova-Molnar, & Mohamed, 2021, S. 4).

3.5. Voraussetzungen für einen Digitalen Zwilling

Die verbreitete Anwendung von CPS, Sensoren (WSN, Wireless Sensor Networks), Kontrollsystemen (SCADA, Supervisory Control and Data Acquisition) und speicherprogrammierbaren Steuerungen (PLC, Programmable Logic Controller) - oft auch als Kommunikation von Maschine-zu-Maschine (M2M, Machine-to-machine) bezeichnet, welche

Daten und Metadaten (Daten über Daten) der physischen Welt erfassen und über Netzwerk- und Kommunikationsprotokolle (TCP/IP, *Transport Control Protocol/Internet Protocol*) an Rechenressourcen angeschlossen sind, beeinflussen das Wachstum der Anwendungsfälle für BDA und machen den Großteil aller Datenströme (engl. *data-in-motion*) aus (Curry, Metzger, Zillner, Pazzaglia, & Robles, 2021, S. 144).

ABBILDUNG 2: SIMULIERTER INDUSTRIELLER ROBOTER

Eine Darstellung eines fiktiven Industrieroboters, generiert mit dem künstlichen, neuronalen Netzwerk Leonardo AI basierend auf vielen, passenden Fotos und fotorealistischen Zeichnungen (Quelle: eigene Darstellung mithilfe von Leonardo AI, 2023)

Dazu gehören in der Gebäudeautomatisierung die Heiz- und Kühlanlagen, Beleuchtung und Energiezähler. Für das Gesundheitswesen relevante tragbare Geräte (engl. *Wearables*) erfassen den Blutdruck oder Herzschlag. Die global verteilten Wertschöpfungsketten der Logistik (SCM, *Supply Chain Management*) und der fertigenden Industrie erzeugen durch die Erfassung einer nachverfolgbaren Wareneinheit (TRU, *Traceable Resource Unit*) mithilfe passiver Radiofrequenzetiketten (RFID, *Radio Frequency Identification*) und der Sensorik in Vehikeln große Datensätze (Mankiya, et al., 2011, S. 22).

3.6. Funktionsweise eines Digitalen Zwillings

Um die Datenerfassung mithilfe von realen Robotern zu reduzieren, kann eine physik-getreue Emulation helfen.

ABBILDUNG 3: DIGITALER ZWILLING EINES INDUSTRIELLEN ROBOTERS

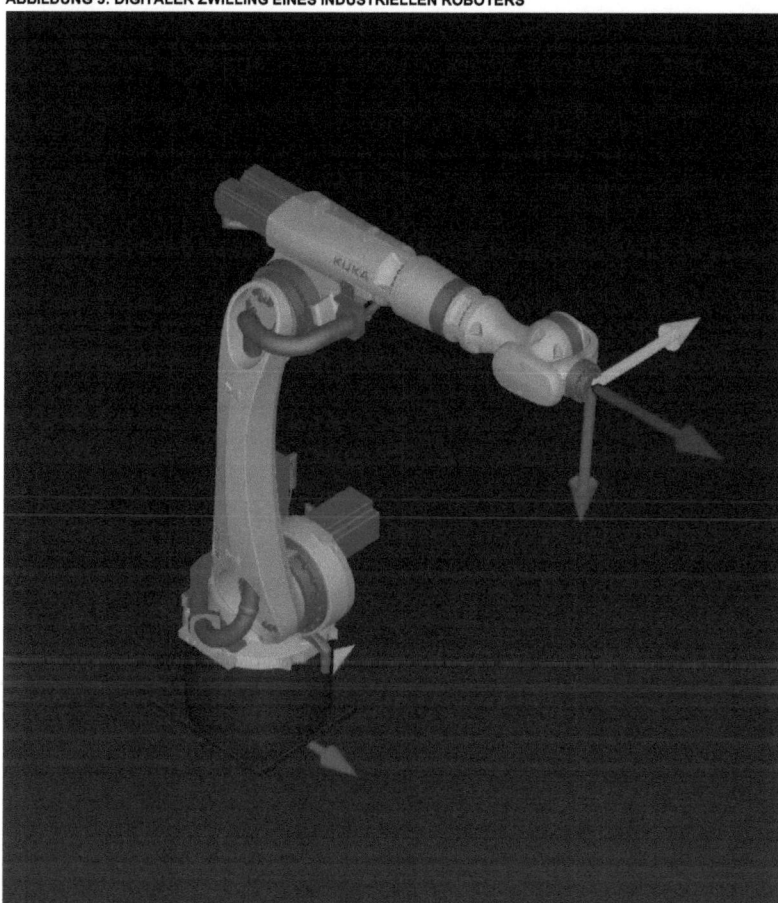

Darstellung eines Industriellen Roboters der Firma Kuka, Modell KR 16 R1610 mit 6 DOF in einem Programm, welches dazu genutzt werden kann, die Bewegungen eines IR zu simulieren, bevor diese in der realen Anwendung ausgeführt werden (Quelle: eigene Darstellung mithilfe von RoboDK, 2023)

Auch, wenn eine Emulation die Kosten von Experimenten reduziert, fehlt ein Realitäts-bezug aufgrund der eingeschränkten Möglichkeiten von emulierten Umgebungen und deren Erfahrungswerte mit Robotern, die physikalische Dynamiken reproduzieren. Ein Ansatz, um diesen Unterschied zwischen simulierten Modellen und der Übertragbarkeit in der realen Welt zu überbrücken, ist es, Störsignale in Datensätzen zu generieren (DR, *Domain Randomization*) und diese in Simulationsprozesse einfließen zu lassen (Ogata, Takahashi, Yamada, Murata, & Sasaki, 2022, S. 181). Die Bereitstellung von Sequenzen mit fachlicher Expertise unterstützt die Erforschung zur Erlernung neuer Fähigkeiten. Zusätzlich wird erwartet, dass dadurch die Kosten der Datenerfassung und Datengenerierung sinken werden. Die Erfassung von Bewegungen eines Menschen unterstützt die Simulation eines DT, indem Belohnungen für die erfolgreiche Wiederholung einer menschlichen Pose die Roboter motiviert hat, Gehbewegungen nachzuahmen. Dabei wurde die Differenz von Bewegungsabläufen zwischen der Ausgangsposition und zu erreichenden Positionen gemessen und festgestellt, dass zufällige Bewegungen von der Ausgangsposition heraus nicht zum Ziel führen (Peng, et al. 2018 zit. n. Ogata, et. al., 2022). Aufgrund der datengestützten Entwicklung des Konzepts tendieren DT dazu, akkurate Abbildungen der entsprechenden CPS zu sein, welche das aktuelle Verhalten von Prozessen innerhalb einer SF darstellt. Zusätzlich unterstützt die fortlaufende Validierung der Daten und Modelle, um die Präzision konsistent aufrechtzuerhalten. Die industrielle Prozessüberwachung (IPM, *Industrial Process Monitoring*) unterstützt das Verständnis in Prozesse und datengetriebene Entscheidungen. Dies wird erzielt, indem Ereignisse protokolliert und mit den Daten weiterer Sensorik des IIoT verbunden werden. Das erhöht den Prozessfluss und zukünftige Entscheidungen über das Verhalten des DT und des CPS selbst. Durch die kontinuierliche Erfassung und Überprüfung von Daten kann auch die Zuverlässigkeit des Systems erhöht werden. Dabei liegt der Fokus auf einer kontinuierlichen Erfassung und Verarbeitung von Daten statt auf regelmäßigen Proben, damit das System sich auch in der Geschwindigkeit der eintreffenden Daten anpassen kann. Die Datenvalidierung stellt sicher, dass die generierten Modelle auch den Messdaten entsprechen. In der agilen Produktionsfertigung bieten DT eine stabile Plattform, um das Konzept flexibler und agiler Produktion umzusetzen, sodass Unternehmen der fertigenden Industrie schnell auf die sich ändernden Anforderungen des Marktes eingehen und dabei eine hohe Qualität bei geringen Kosten garantieren können (Friederich, Francis, Lazarova-Molnar, & Mohamed, 2021, S. 11). Es ist wichtig zu erwähnen, dass die Forschung von Robotik allein in emulierten Umgebungen nicht zu praktischen Anwendungen führt. Ein wichtiges Kriterium bei der Einführung von CPS ist, dass die Modelle von DT robust und erprobt sind, um den Anforderungen an alltägliche Ereignisse gerecht zu werden (Ogata, Takahashi, Yamada, Murata, & Sasaki, 2022, S. 183). Ein DT kann vollständig in den Lebenszyklus von Produkten eingebunden werden und verschiedene Herausforderungen, wie z. B. die Nachverfolgbarkeit, lösen. Damit aber eine Umsetzung in einem produktiven Umfeld gelingt, müssen verschiedene Punkte, wie die Sicherheit, Benutzerakzeptanz und technische Einschränkungen, beachtet werden (Winkler, Schumann, Apitzsch, Klimant, & Klimant, 2020, S. 4). Bereits im Jahr 2010 wurde geschätzt, dass der Mehrwert von Robotiksystemen mehr als 18 Milliarden U.S. Dollar beträgt. Dazu zählt Software, Werkzeuge und Fertigungssysteme.

Ebenso wurden mehr als 1300 Menschen während der Arbeit mit Robotersysteme verletzt, weil Objekte frei bewegt wurden. Aufgrund der Komplexität von Hardware und Software wie auch den Anforderungen in der Anwendung können Arbeitsabläufe unsicher werden aufgrund von fehlenden Sicherheitsfunktionen, die Roboter stoppen, während sie sich schnell bewegen, repariert und gewartet werden oder wenn sich Unbefugte in den Arbeitsbereich begeben (Yap, Taha, Md Dawal, & Chang, 2014, S. 1). Ein emulierter DT sollte ausschließlich die Sensordaten des realen Modells verarbeiten. Die Ergebnisse aus den Simulationen und Analysen angebundener Systeme sollten separat eingespielt werden, um zu vermeiden, dass durch eine konstante Verbindung mögliche Angriffsflächen entstehen und die Sicherheit der CPS nicht gewährleistet werden kann (Boyes & Watson, 2022, S. 17). Die Wirtschaftlichkeit von digitalen Zwillingen begründet sich daraus, dass sie eine effektive Methode zur Steigerung der Effizienz und Reduktion von Ausschuss bieten. Dabei kann der Zustand und die Leistung eines realen Objekts kontinuierlich überwacht werden und so Probleme schnell identifiziert werden, bevor diese zu Ausfällen oder Stillständen führen, was zur Reduktion von Wartungs- und Reparaturkosten beiträgt. Durch die Vorhersage von Ausfällen können Wartungsarbeiten optimiert und teure Stillstände vermieden werden. Ein Hersteller von Schweißrobotern wird nicht mehr den Roboter, sondern die Schweißnaht als Service anbieten (EaaS, *Equipment-as-a-Service*) und einen sowohl effizienteren als auch effektiveren Einsatz des Roboters erreichen. Auch die zustandsorientierte Wartung dient im Vergleich zu reaktiver oder vorbeugender Wartung letztendlich einer Optimierung des Einsatzes und damit der Reduzierung der Kosten (Klostermeier, Haag, & Benlian, 2020, S. 16).

4. Zusammenfassung

Roboter werden bei der Bekämpfung von Bränden und der Rettung aus Katastrophen-gebieten, bei der Herstellung von Produkten, aber auch in militärischen Bereichen ein-gesetzt. Diese autonom arbeitenden Rettungskräfte sollen in erster Linie dort betrieben werden, wo der Einsatz eines Menschen entweder eine Gefahr für ihn selbst darstellt oder schlichtweg ineffizient ist. Sensorik ist zunächst ein Sammelbegriff für die Ge-samtheit aller Sinneswahrnehmungen. Unter Wahrnehmungen versteht man im Allge-meinen die Erfassung und Verarbeitung physikalischer Reize aus der Außenwelt, also die bewusste oder auch unbewusste Sammlung von Informationen mit Hilfe der Sinne. Sensoren gehören zu den Schlüsselkomponenten der Automatisierungstechnik und somit der Robotik. Über die Sensorik werden wesentliche Eigenschaften und Zustände des Roboters selbst und seiner realen Umwelt erfasst, aufbereitet und an die Steue-rung weitergegeben. Um mit der Umgebung zu interagieren, nutzen IR hauptsächlich Elektromotoren, um Achsen von Roboterarmen oder Ketten zur Bewegung zu betrei-ben. Bei Roboteranwendungen kann man prinzipiell unterscheiden zwischen der Her-anführung des mit einem Greifer aufzunehmenden Werkstücks an ein feststehendes Werkzeug und der Bearbeitung des Teils mit einem an der Roboterhand angeflansch-ten Werkzeugs. Während eine Simulation Software beschreibt, modelliert eine Emula-tion auch Hardware. Die Virtualisierung eines IR emuliert exakt die Parameter eines CPS. Durch Emulationen von IR kann Wissen generiert werden, um nützliche Hinweise für physische Systeme zu erhalten. Werden Sensordaten in Echtzeit in eine Emulation einbezogen, entsteht ein digitaler Zwilling eines IR, welcher nun modellbasiert den ak-tuellen Parametern angepasst werden kann. Jedoch entsprechen die Ergebnisse aus Experimenten eines DT und der VR nicht realen Umständen, da die digitalen Modelle Abbildungen sind und keine exakten Kopien der physischen Realität. Aufgrund von möglichen und schwerwiegenden Konsequenzen sollten die Ergebnisse von Emulatio-nen nicht in Echtzeit und in Verbindung mit dem realen System umgesetzt werden, da Sicherheitslücken entstehen können. Ein DT als Produkt mit Geschäftsmodell kann eine Übersicht ermöglichen, um vorausschauende Wartungen hervorzuheben und so Ausfällen von Maschinen entgegenzuwirken, die bisher reaktiv nach einem Schadens-fall geprüft und ausgetauscht werden. Sobald Schnittstellen standardisiert wurden, können Komponente in Lieferketten auch nachverfolgt werden. Während der Produkti-onsplanung kann auch erprobt werden, ob EaaS von spezialisiertem Werkzeug für ei-nen Arbeitsschritt in Frage kommt.

5. Fazit

Industrielle Roboter werden für die automatisierte Fertigung oder Serviceroboter für Dienstleistungen im Haushalt, im Gesundheitswesen oder in Umgebungen mit hohem Gefahrenpotenzial in zunehmendem Maße weltweit eingesetzt. Die Möglichkeiten digitaler Technologien können genutzt werden, um aktuelle Messwerte von Sensorik zu verwenden, die Zustände von cyber-physikalischen Systemen in Echtzeit zu verarbeiten. Weitere Handlungen und entsprechende Schritte in der Steuerung von automatisierten Systemen können emuliert werden, um die Auswirkungen von Handlungen in der realen Welt abschätzen zu können. Ein Digitaler Zwilling ist ein digitales Abbild eines realen Systems, welcher fortlaufend aktualisiert wird und zusammen mit Daten aus weiteren Informationssystemen eines Unternehmens und dessen Geschäftspartnern einen Überblick über den aktuellen Zustand erstellt. Die Simulation von zukünftigen Szenarien unterstützt die taktische und strategische Planung beim Einsatz von Ressourcen. Einzelne Komponenten können in virtueller bzw. augmentierter Realität erprobt werden, bevor sie tatsächlich eingesetzt werden. Durch die Simulation von Prozessen können digitale Zwillinge auch zur Verbesserung von Produktdesigns beitragen, indem sie Tests und Analysen durchführen, bevor ein physisches Produkt hergestellt wird. Darüber hinaus ermöglichen digitale Zwillinge eine bessere Zusammenarbeit innerhalb eines Unternehmens und zwischen Unternehmen. Die gemeinsame Nutzung von Daten und Informationen kann dazu beitragen, Entscheidungen schneller zu treffen und die Effektivität von Geschäftsprozessen zu verbessern. Auch die Interoperabilität von Systemen kann durch digitale Zwillinge verbessert werden, was die Integration von verschiedenen Systemen und Plattformen erleichtert. Dies reduziert Kosten für reale Experimente und ermöglicht das Üben von Arbeitsabläufen. Bisher fehlt es an allgemeinen Definitionen, Schnittstellen und standardisierten Dateiformaten, um unternehmens- wie auch branchenübergreifende Digitale Zwillinge produktiv zu nutzen. Zudem sind Betriebssysteme von digitalen Zwillingen, Emulationen und Simulationen in virtueller wie auch augmentierter Realität teuer. Open-Source-Versionen können die Entwicklung und Forschung vorantreiben, um zukünftig weitere Geschäftsmodelle zu ermöglichen. Für Privatanwender kann es so möglich werden, einen Digitalen Zwilling des eigenen Hauses oder Autos zu erstellen, in dem Energieverbrauch und Wartungsverträge verwaltet, wie auch der Tausch von einzelnen Komponenten und weitere Anbauten getestet werden können.

Literaturverzeichnis

Alpaydi, E. (2021). *Machine Learning: The New AI*. MIT Press Essential Knowledge Series. doi:10.7551/mitpress/13811.001.0001

Boyes, H., & Watson, T. (2022). *Digital Twins: An analysis framework and open issues*. doi:10.1016/j.compind.2022.103763

Bubeck, S., Chandrasekaran, V., Eldan, R., Gehrke, J., Horvitz, E., Kamar, E., . . . Zhang, Y. (2023). Sparks of Artifical General Intelligence: Early experiments with GPT-4. doi:10.48550/arXiv.2303.12712

Curry, E., Metzger, A., Zillner, S., Pazzaglia, J.-C., & Robles, A. (2021). *The Elements of Big Data Value*. Cham: Springer. doi:10.1007/978-3-030-68176-0

Ferigo, D., Parmiggiani, A., Rampone, E., Tikhanoff, V., Traversaro, S., Pucci, D., & Natale, L. (2022). *Robot Platforms and Simulators*. MIT Press. doi:10.7551/mitpress/13780.003.0012

Friederich, J., Francis, D., Lazarova-Molnar, S., & Mohamed, N. (2021). *A framework for data-driven digital twins for smart smart manufacturing*. Elsevier. doi:10.1016/j.compind.2021.103586

Greengard, S. (2015). *The Internet of Things*. MIT Press Essential Knowledge Series. doi:10.7551/mitpress/10277.001.0001

Jordan, J. (2016). *Robots*. MIT Press Essential Knowledge Series.

Klostermeier, R., Haag, S., & Benlian, A. (2020). *Geschäftsmodelle Digitaler Zwillinge*. Wiesbaden: Springer Vieweg. doi:10.1007/978-3-658-28353-7_1

Kuts, V., Aksu, M., Pizzagali, S., Marvel, J., Sarkans, M., Bondarenko, Y., & Otto, T. (2022). Digital Twin as Industrial Robots Manipulation Tool. *MDPI Robotics*. doi:10.3390/robotics11050113

Maier, H. (2019). *Grundlagen der Robotik*. VDE Verlag.

Mankiya, J., Chui, M., Brown, B., Bughin, J., Dobbs, R., Roxburgh, C., & Byers, A. (2011). *Big data: The next frontier for innovation, competition, and productivity*.

Ogata, T., Takahashi, K., Yamada, T., Murata, S., & Sasaki, K. (2022). *Machine Learning for Cognitive Robotics*. MIT Press. doi:10.7551/mitpress/13780.003.0014

Scalera, L., Seriani, S., Gasparetto, A., & Gallina, P. (2019). *Non-Photorealistic Rendering Techniques for Artistic Robotic Painting*. doi:10.3390/robotics8010010

Ugarte, M., Etxeberria, L., Unamuno, G., Bellanco, J., & Ugalde, E. (2022). *Implementation of Digital Twin-based Virtual Commissioning in Machine Tool Manufacturing.* doi:10.1016/j.procs.2022.01.250

Winkler, S., Schumann, M., Apitzsch, R., Klimant, F., & Klimant, P. (2020). *Der Digitale Zwilling - Probleme und Lösungsansätze.* DeGruyter. doi:10.3139/104.112328

Yap, H. J., Taha, Z., Md Dawal, S., & Chang, S.-W. (2014). Virtual Reality Based Support System for Layout Planning and Programming of an Industrial Robotic Work Cell. *PLOSone.* doi:10.1371/journal.pone.0109692

BEI GRIN MACHT SICH IHR WISSEN BEZAHLT

- Wir veröffentlichen Ihre Hausarbeit,
  Bachelor- und Masterarbeit

- Ihr eigenes eBook und Buch -
  weltweit in allen wichtigen Shops

- Verdienen Sie an jedem Verkauf

Jetzt bei www.GRIN.com hochladen und kostenlos publizieren